Chouette !
Je retiens
ma table de multiplication
avec Monsieur 3
et ses amis !

Une histoire inventée par Marie-Clotilde HEMERY-LEGRAIN

Et illustrée par Pierre-Olivier HEMERY

A tous les enfants qui liront ce livre, puisse votre apprentissage être plus facile et surtout plus ludique,

A mes enfants et mes belles-filles,
merci pour votre enthousiasme,

A mon mari , merci de m'avoir soutenue

et accompagnée dans cette belle aventure !

Orthophoniste depuis 1997 et fondatrice depuis 2017 de la page Facebook et de la chaîne YouTube « **orthoastuces** », je cherchais un **matériel spécifique et ludique pour apprendre les tables de multiplication** à mes jeunes patients, mais également à mes enfants.

En effet, quel casse-tête pour retenir ces tables qui paraissent aux enfants bien ennuyeuses et abstraites.

Je me suis alors demandée : « Qu'est-ce que les enfants apprécient le plus ? Et oui : ce sont les histoires, bien sûr !!! »

De là, m'est venue l'idée d'inventer une histoire pour chaque table de multiplication, **une histoire qu'on pourrait lire le soir avant de s'endormir pour en faciliter l'apprentissage.**

Une histoire pour chaque table, car, à l'école, on n'apprend souvent qu'une table à la fois et c'est tant mieux !!

Je devais trouver quelques ingrédients pour que « la pâte prenne bien » :

des personnages rigolos et attachants, avec des mini-aventures rocambolesques et des illustrations enfantines (j'en profite pour remercier mon mari d'avoir rendu vie à ces petits personnages et de m'avoir permis de réaliser ce merveilleux projet).

<u>**Maintenant, parents, c'est également à vous de jouer, car vos enfants ont besoin de vous pour enfin retenir leurs tables de multiplication !**</u>

Tout d'abord, vous devez savoir que chaque histoire se base à la fois :

- sur des **rimes pour favoriser la mémorisation sur le plan auditif,**

- sur **l'image avec des chiffres personnifiés pour favoriser la mémorisation sur le plan visuel**.

Du coup, il faut vraiment **insister sur les rimes** à chaque aventure.

Une page récapitulative avec la table de multiplication, son résultat, sa rime et son illustration permet à votre enfant de bien visualiser l'ensemble et ainsi de retenir facilement l'opération ! Commentez-la avec lui.

De plus, la valeur de la multiplication est représentée avec 3 lignes de x objets et permet à votre enfant d'en comprendre la signification. N'hésitez pas à lui faire compter chaque quantité.

Enfin, **à la fin du livre, vous trouverez un petit quizz sur les différentes opérations et, pour aider votre enfant, le résultat en images et en rimes.**

Voilà tous les ingrédients sont réunis pour que votre enfant prenne du **plaisir en votre compagnie** à apprendre mais surtout à **retenir ses tables de multiplications** !

Bien sûr, n'hésitez pas à me **solliciter sur ma chaîne YouTube ou ma page Facebook : Orthoastuces.** Vous y retrouverez également plus de 80 vidéos pour aider vos enfants dans l'apprentissage du langage, de la lecture et de l'écriture.

Il était une fois,

Monsieur 

Qui se promenait seul dans les bois

Avec sa canne de bois, 

en forme de 1.

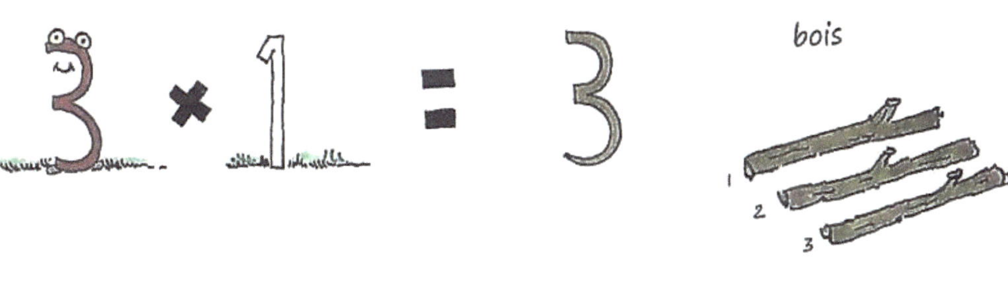
3 × 1 = 3
bois

1
2
3

$$3 \times 1 =$$

3

bois

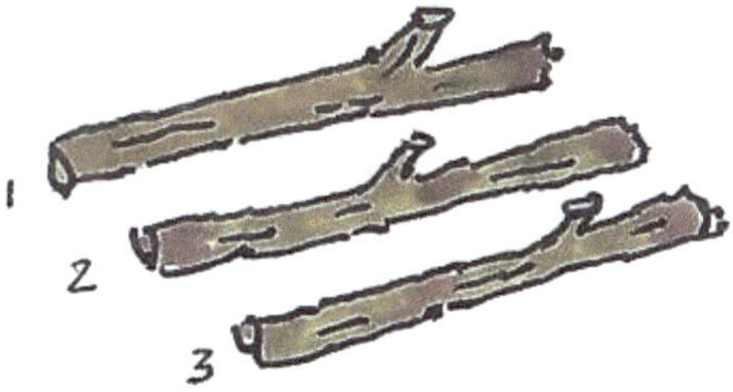

1
2
3

Tout à coup, Monsieur 

rencontra Madame 

qui tenait dans ses mains deux scies.

3 × 2 = 6

scie

3 × 2 =

scie

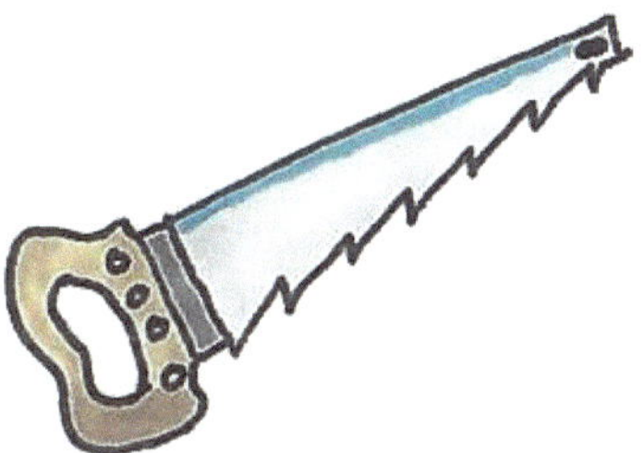

Un peu plus loin se trouvait

un autre Monsieur 

qui cherchait un abri

pour sa  .

Ils lui construisirent un abri

et elle pondit un œuf. 

un œuf
3 × 3 = 9
1 2 3
4 5 6
7 8 9

3 × 3 =

un œuf

9

Qui arriva alors avec sa 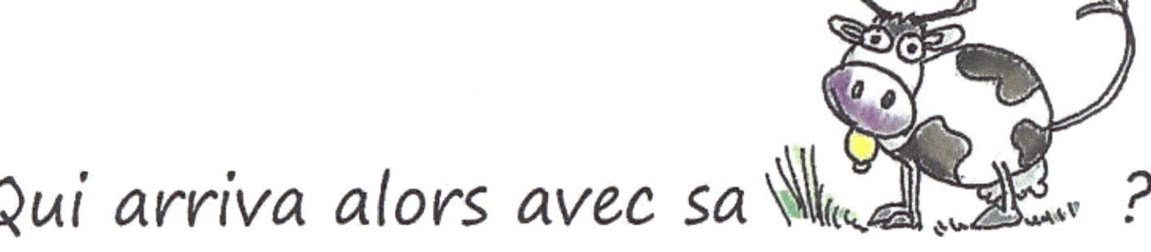 ?

C'est Madame 4 !

Elle est bien embêtée,
car sa vache fait plein de bouses !!!

3 × 4 = 12 bouses

1
2
3
4
5
6
7
8
9
10
11
12

3 × 4 =

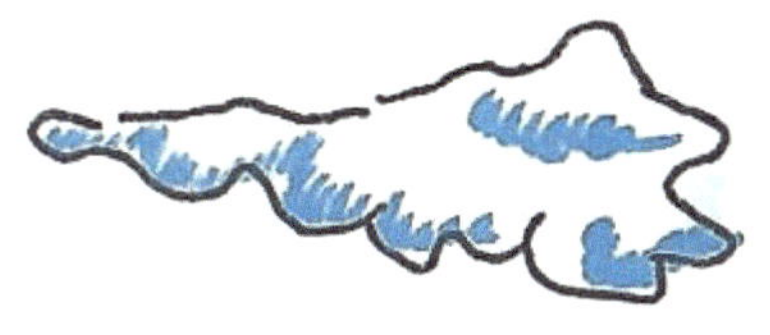

12 bouses

Monsieur 

qui passait par là

ne vit pas les bouses, glissa

et tomba de tout son corps dedans !!

SPLASH !!!!

Heureusement, Monsieur **3**

lui proposa de laver son linge

$$3 \times 5 = 15$$

15 pinces à linge

3 × 5 =
15 pinces à linge

15

Lorsque le linge fut sec,

ils se dirent et si on faisait la fête ?

Monsieur  invita Madame

Qui apporta dix huîtres

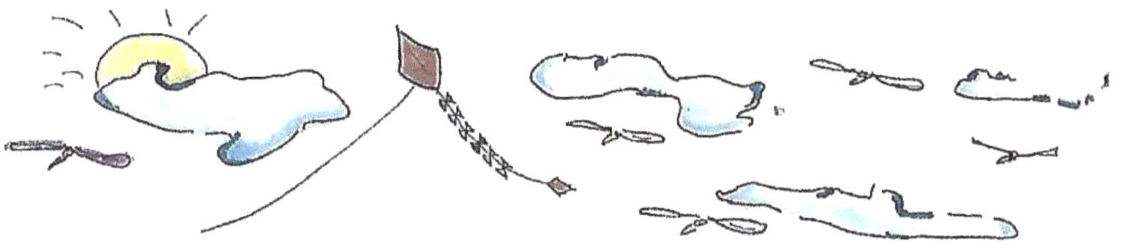

3 × 6 = 18 huîtres

18   huîtres

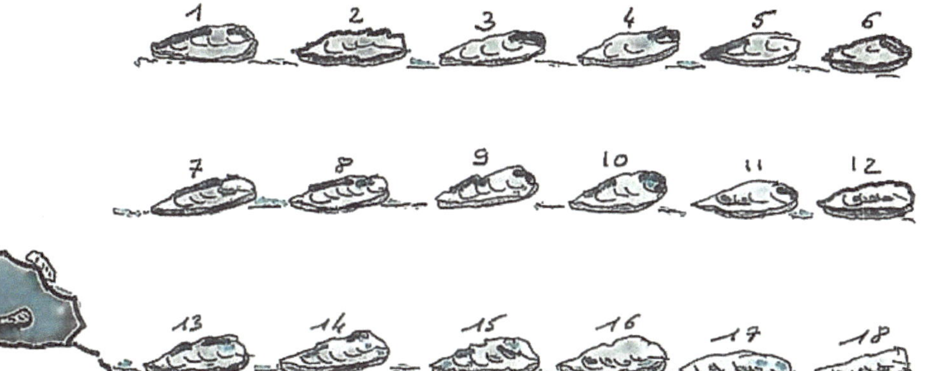

Monsieur 

lui, apporta du vin 

et un pain 

$$3 \times 7 = 21 \quad \textit{pains}$$

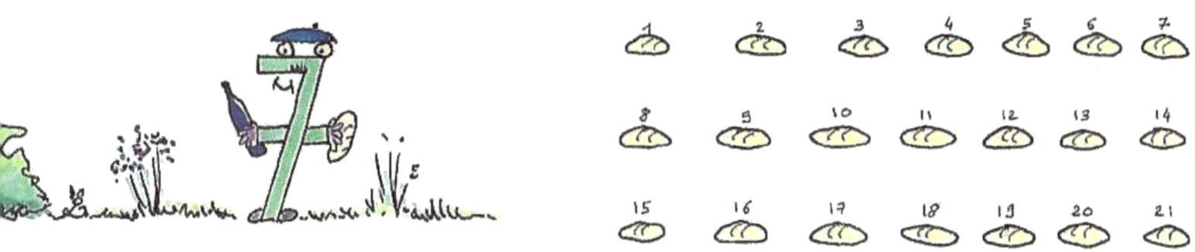

3 × 7 =

21

pains

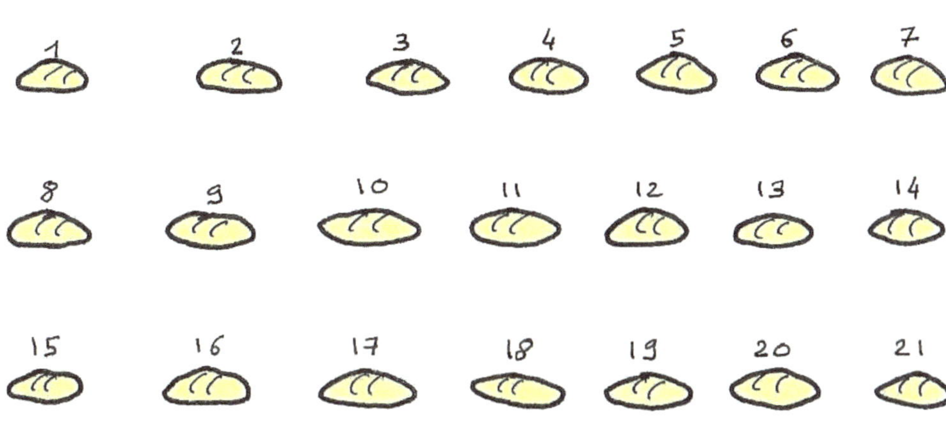

Quant à Madame 

très bonne cuisinière,

elle apporta du 

et une tarte 

$$3 \times 8 = 24 \quad \text{tartes}$$

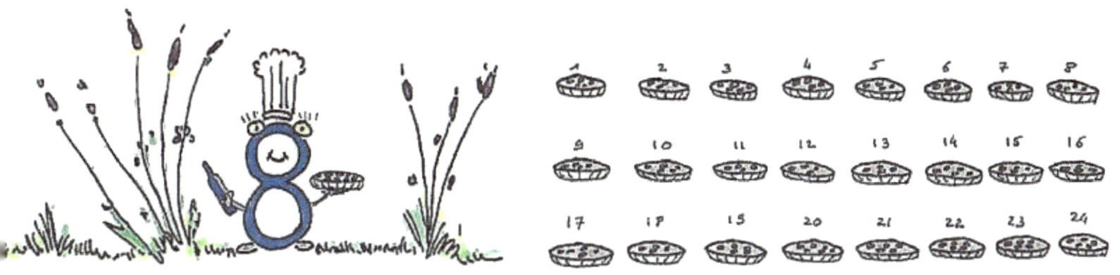

24 tartes

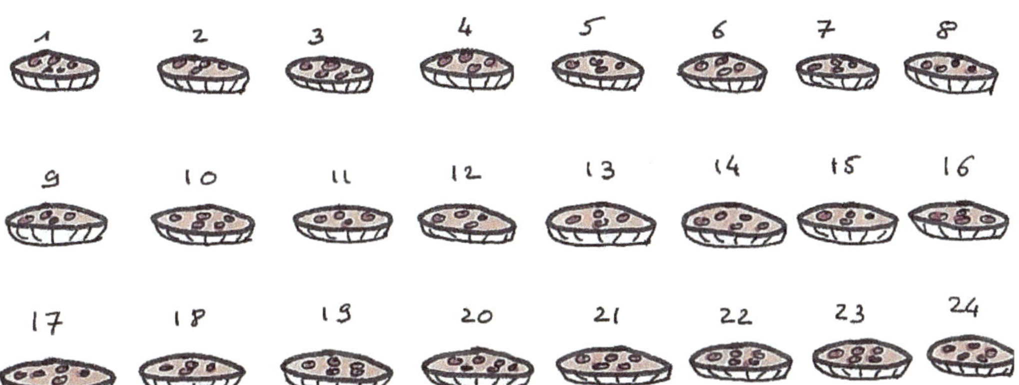

Monsieur 

qui profitait de sa balade en forêt

pour ramasser des cèpes 🍄 🍄 🍄 ,

se joignit à eux avec une bouteille

de ![bottle] et des cèpes .

$$3 \times 9 = 27$$

3 × 9 =

27

cèpes

Quand Madame 

arriva

avec une boîte de chocolats

il était déjà tard.

Comme ils avaient bien mangé

et qu'ils étaient tous fatigués,

ils dirent à Madame 

« Allez, on rentre !!! »

$3 \times 10 = 30$ on rentre !!

1 2 3 4

3 × 10 =

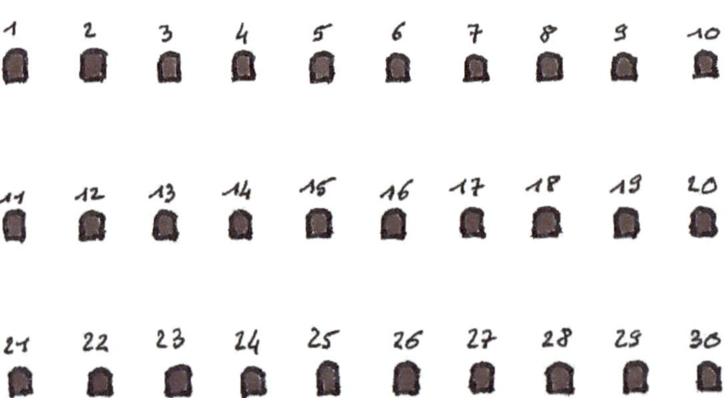

1 2 3 4 5 6 7 8 9 10
11 12 13 14 15 16 17 18 19 20
21 22 23 24 25 26 27 28 29 30

30   on rentre !!

3 x 2 =

3 x 4 =

3 x 1 =

3 x 7 =

3 x 3 =

3 x 9 =

3 x 5 =

3 x 6 =

3 x 8 =

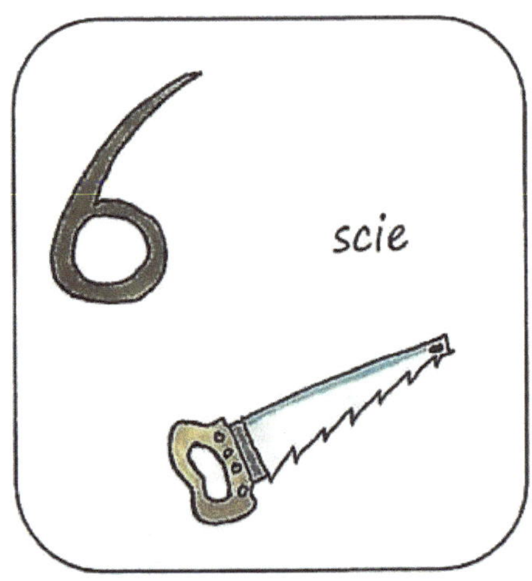

18
huîtres
3
bois
12 bouses
vin 21 et un pain
24 vin tarte
15
pinces à linge